AF184466
9786555474084

4

1

4

1

3

6

6

2

3

★★★

3

5

4

6

2

2

6

1

8

8

6

2

2

★★★

3

4

7

3

2

4

8

6

7

2

3

9

6

11

10

12

14

5

13

Agora, vamos praticar o inverso: primeiro, veja o resultado. Depois, combine os números que formam esse resultado.

DIVERSÃO COM

MATEMÁTICA

VAMOS FAZER CONTINHAS DE MAIS

Vamos aprender!
PARA APRENDER BRINCANDO!
DIVERSÃO COM MATEMÁTICA
com 42 combinações
2 + 2 = 4
DIVERSÃO COM MATEMÁTICA
Vamos aprender!
VAMOS FAZER CONTINHAS DE MAIS